AF245076

L'ESCLAVAGE

DES NÈGRES ABOLI

OU

MOYENS

D'AMÉLIORER LEUR SORT.

Traitez les Hommes de la même maniere que vous voudriez vous mêmes qu'ils vous traitassent.

Evang. selon S. Luc. Ch. 6. §. 4.

A PARIS,

Chez FROULLÉ, Libraire, quai des Augustins.

1789.

L'ESCLAVAGE
DES NEGRES ABOLI,
OU
MOYENS D'AMÉLIORER LEUR SORT.

Dans le tems où une nouvelle lumiere vient éclairer les esprits dans toute l'Europe ; où l'Affemblée Nationale Françoife a déja détruit dans le Royaume l'hydre de la féodalité ; où elle a conftaté les Droits de l'Homme, & reconnu que *Dieu a créé tous les hommes libres ; que cette liberté ne doit être altérée que par les chaînes qu'ils fe donnent eux-mêmes volontairement, pour empêcher le plus fort d'attenter à la liberté, à la vie ou à la propriété du plus foible ;* nul efclavage ne doit plus fubfifter que pour des malfaiteurs condamnés fuivant les Loix. En conféquence la liberté doit être rendue à cette multitude d'êtres malheureux, nos frères, quoique de couleur différente, que la cupidité Européenne enleve an-

A 2

nuellement depuis près de trois siecles aux côtes d'Afrique, & condamne à une captivité éternelle, aux travaux les plus rudes, & aux traitemens les plus rigoureux.

Des intérêts politiques, des droits de propriétés que l'on enfreindroit, si l'on rendoit tout-a-coup la liberté aux Nègres dans nos Colonies, sont sans doute de grands obstacles à l'effet des vœux que l'humanité forme en faveur de ces malheureux Africains.

Si la Nation Françoise interdisoit entiérement la Traite des Negres ; si elle rompoit en même-temps les chaînes de tous ceux qui existent dans nos Colonies, ce seroit donner une secousse trop violente au commerce ; ce seroit risquer la perte de ses plantations dans les Colonies, & la navigation immense qu'elles alimentent. La diminution que cette opération occasionneroit dans les revenus de l'Etat, seroit énorme. Ce seroit encore ruiner les habitans des Colonies, dont les Negres esclaves sont une propriété ; & quelque odieuse que soit cette propriété, on ne peut les en dépouiller sans injustice.

D'ailleurs si la France seule faisoit une semblable opération, elle se rendroit tributaire des autres Nations qui possedent des Colonies à sucre,

& qui conferveroient leurs efclaves. Ces Nations profiteroient de la diminution de notre culture pour augmenter la leur, & nous ferions forcés d'acheter d'elles une denrée dont la confommation nous eft devenue d'une néceffité abfolue.

Il faudroit donc préalablement traiter avec toutes les Nations européennes qui poffedent des Colonies, & que, d'accord enfemble, toutes convinffent d'abolir l'efclavage. Mais cet accord feroit peut-être impoffible à conclure, ou au moins, n'y parviendroit-on vraifemblablement qu'après des négociations qui emporteroient un temps confidérable.

Il me femble que fans attendre le fuccès incertain d'une pareille négociation; fans renoncer entierement à la Traite des Noirs; fans priver les habitans des Colonies de leur propriété, & fans rifquer leur ruine, celle de nos plantations ni la perte d'un commerce immenfe, qui fait une des principales richeffes de l'Etat, on peut trouver un moyen conciliatoire par lequel la France pourroit feule donner à l'Univers l'exemple de l'anéantiffement de l'efclavage; & le voici.

Je propofe d'affimiler l'efclavage des Negres à celui des foldats, par un engagement à temps au bout duquel la liberté leur sera rendue. On ne peut pas se dissimuler que l'engagement d'un soldat est un véritable esclavage, puisque dès l'instant qu'il a contracté son engagement, jusqu'à son expiration, il ne peut le rompre sans être puni de mort ; que durant tout cet espace, il n'est maître ni de son temps, ni de ses actions ; qu'il est soumis, sous peine de punition, à une obéissance aveugle aux ordres de ses supérieurs ; qu'il est assujetti à des fatigues, à des dangers, à s'exposer souvent à une mort presque certaine. Mais il ne songe point qu'il est réellement esclave ; il s'y accoutume ; un très-grand nombre renouvelle ses chaînes avant même l'expiration du premier délai ; beaucoup d'autres quittent à l'époque fixée, & reçoivent leur congé avec joie ; Néanmoins, on voit un un grand nombre de ceux-là, au bout de quelques mois, former de nouveaux engagemens. Enfin d'autres désertent, aux périls de leurs vies, des corps où ils se déplaisent, & la plupart d'eux vont aussitôt reprendre les mêmes chaînes dans d'autres corps.

Cet esclavage n'est pas contraire aux droits de l'homme, puisqu'il est contracté librement, volontairement & pour un terme limité, excepté celui de la milice. S'il étoit supprimé, on ne

feroit jamais sûr d'une armée; il n'y auroit plus
de fubordination, & elle eft abfolument néceffaire
dans les troupes pour le bien général.

Elle eft également néceffaire de la part du
Negre vis-à-vis de fon Maître, qui, fans cela,
fe verrroit expofé à chaque inftant à des pertes
confidérables par la défertion de fes efclaves.

Les Negres ne pouvant être également re-
tenus dans les fers qu'un temps limité, ne feront
donc pas plus efclaves qu'un Soldat : comme
lui ils feront obligés à l'obéiffance pendant la
durée de leur engagement; ils feront affujettis
à des travaux d'un autre genre, il eft vrai,
mais proportionnés à leurs forces. Toute la dif-
férence entre ces deux efpèces d'efclaves, c'eft
que le premier engagement des Negres ne fera
pas volontaire; mais ceux qu'ils contracteront
enfuite le feront. Je vais l'expliquer, & je ne
fais aucun doute que le plus grand nombre des
Negres fe porteront, ainfi que les foldats, à
renouveller librement leurs engagemens.

Pour exécuter cette propofition, il faudroit
promulguer une Loi qui décideroit; 1°. qu'à
dater de telle époque, les Noirs tranfportés
d'Affrique dans nos Colonies ne pourront être
vendus, qu'à la condition aux habitans qui les
acheteront de leur rendre leur liberté au bout de

A 4

dix ans, & de donner alors à chaque Negre ou Né-
greffe une fomme fuffifante pour payer fon paffage
pour retourner dans fa patrie. Cette fomme fera
fixée par la loi, & fera d'abord dépofée au
greffe du lieu par l'habitant. Il fera tenu de
délivrer au Negre un acte de liberté qui y fera
enregiftré. Le Negre fera tenu de déclarer devant le Juge s'il entend retourner dans fa patrie
ou refter dans la Colonie. Dans le premier
cas, on le fera embarquer fur le premier
vaiffeau qui partira du port le plus voifin pour
l'Europe ; la fomme dépofée fera remife au Capitaine qui en retiendra celle fixée par la loi,
pour le tranfport du Negre d'Amérique en Europe, & remettra le furplus au Commiffaire de
la Marine du port où il abordera, lequel fera
partir ce Negre par le premier vaiffeau qui fera
voile pour les côtes d'Afrique, & délivrera au
Capitaine, pour le paiement de fon tranfport,
le refte de la fomme dépofée pour cet objet.
Dans le fecond cas la fomme fera délivrée au
Negre, qui fera maître d'exercer dans les Colonies telle profeffion qu'il lui plaira, ou de fe
rengager au fervice de tel habitant qu'il voudra.

2°. Lorfqu'un Negre, après l'expiration du
premier engagement, en voudra contracter un
nouveau, foit avec le maître qu'il aura quitté,

ou avec un autre, l'habitant & lui se présente-
ront devant le Juge ; ils conviendront réciproc-
quement & librement des conditions de l'engagement dont il sera dressé acte ; mais ce nou-
vel engagement ne pourra être plus long que
de cinq ans , au bout desquels la liberté sera
rendue à l'esclave de la même manière qu'à l'expiration du premier engagement.

Chaque Negre ou Negresse seront libres de
renouveller ainsi de nouveaux engagemens de
cinq ans en cinq ans ; mais ils ne pourront le
faire qu'après que, à l'expiration de chaque engagement, l'acte de leur liberté leur aura été
délivré par le Juge, & signé du maître qu'ils
auront quitté ; & cela pour éviter que leurs
maîtres n'abusent de leur autorité pour les for-
cer à de nouveaux engagemens.

3°. A l'égard des Negres actuellement esclaves dans les Colonies, on pourroit les diviser
sur chaque habitation en dix classes. On met-
troit dans la premiere classe les plus âgés , les
plus jeunes dans la dixieme , & les autres en
proportion de leur âge dans les classes inter-
médiaires. Au bout d'un an de l'époque fixée
on rendroit la liberté à ceux de la premiere
classe, & ainsi successivement d'année en année à ceux des autres classes de la même ma-

niere qui a été ci-deſſus indiquée. Par ce moyen au bout de dix ans, tous les eſclaves actuels auront recouvré leur liberté, ſauf à eux à former librement de nouveaux engagemens comme il a été ci-devant expliqué.

De cette maniere les habitans ne ſeroient pas extrêmement lezés, parce qu'ils auront tiré un ſervice aſſez long de leurs eſclaves pour s'indemniſer du prix d'achat, ou du moins d'une grande partie; & s'ils font un ſacrifice, le Clergé & la Nobleſſe ne viennent-ils pas d'en faire de plus grands? Et à l'avenir le prix des eſclaves ſe proportionneroit au tems fixé pour leur engagement.

Néanmoins, ſi d'après la repréſentation des habitans des Colonies, qu'il convient de conſulter avant de ſtatuer ſur cet objet, ce ſacrifice de leur part étoit jugé trop grand, l'Etat ne pouvoit-il pas leur accorder un dédommagement proportionné à la valeur individuelle des Noirs auxquels la liberté ſeroit rendue? Il exiſte plus de 500 mille eſclaves dans nos Colonies. Si le dédommagement étoit à 500 liv., argent de France, par tête l'un dans l'autre, ce ſeroit un objet de 250 millions; c'eſt-à-dire, 25 millions par an pendant dix ans; mais comme, ſuivant l'ordre de la nature, il doit en mourir un grand nombre dans cet espace de tems, on peut calculer cette dépense au plus aux deux tiers, & même peut-être à la moitié de cette somme. Ce seroit sans doute une grande charge pour l'Etat; mais une seule année de guerre coûte autant ou plus au Royaume, sans compter la perte en hommes qui est inapréciable. Et le résultat de la plupart des guerres est-il comparable avec l'avantage inestimable de l'abolissement absolu de l'esclavage? Enfin, si cette dépense est trouvée trop forte, on pourroit encore la diminuer: si, au-lieu de dix ans que je propose pour l'entiere extinction de l'esclavage, on le prolongeoit à quinze ou vingt ans.

La traite à la côte d'Afrique se continueroit & n'en auroit peut-être pas moins d'activité. Si le bénéfice sur la vente des noirs devient moindre, on en sera dédommagé par moins de risques; les révoltes à bord des vaisseaux seront moins fréquentes; les mortalités durant les traversées seront moindres; les Negres, qui actuellement ne voient revenir aucun de ceux qu'on expatrie, se livrent au désespoir, en tombent malade & meurent en route; plusieurs même se détruisent & préferent la mort au sort qui les attend, dont ils se font une idée affreufe. Ils fupporteront leurs fers avec plus de patience, lorfqu'ils fauront que leur captivité aura un terme , & qu'au bout de dix ans ils pourront retourner dans leur patrie ; lorfque , fur-tout, au bout de quelques années ils verront effectivement revenir quelques-uns de leurs compatriotes qui leur apprendront que d'autres n'y retournent pas , parce qu'ils préferent de refter dans nos Colonies, qu'ils s'y trouvent bien & y vivent dans l'aifance. Il arrivera indubitablement dans la fuite que beaucoup de Noirs fe vendront ou s'engageront d'eux-mêmes aux côtes d'Afrique , pour paffer dans nos Colonies. Et il eft poffible qu'en peu d'années la traite à la côte d'Afrique prenne la forme des enrolemens pour les troupes.

Il arrivera peut-être encore que beaucoup de Noirs, retournés dans leur patrie avec quelque fortune qu'ils auront gagnée à l'Amérique , voudront jouir dans leur pays des aifances auxquelles ils fe feront accoutumés, & qu'ils ne pourront fe procurer que par une confommation plus grande de plufieurs productions de l'Europe. Il en réfultera un plus grand débit aux côtes d'Afrique de plufieurs articles des productions & des manufactures de l'Europe , & notre commerce pourra augmenter dans cette partie du monde.

Ces Nations qui occupent une étendue de côtes de plus de 900 lieues marines le long de l'Océan Altantique, & un terrein immense dans l'intérieur des terres, inconnu aux Européens, se civiliseront insensiblement ; le Religion chrétienne , que beaucoup de ceux qui auront habité nos Colonies auront embrassé , pourra s'introduire dans cette partie de l'Afrique , & y faire des progrès.

4°· Il faudra que la loi prononce encore sur les enfans des Noirs, esclaves ou libres , qui naîtront dans nos Colonies. Il me sembleroit que ces enfans doivent être libres en naissant ; ceux qui naîtront d'un mariage sous l'autorité de leurs pere & mere ; & ceux qui seront le fruit du libertinage sous l'autorité de leur mere. Que les uns & les autres pourront être engagés par les pere ou mere jusqu'à l'âge de..... pour des travaux relatifs à leur âge , & que le produit de ces engagemens sera au profit des pere ou mere , en dédommagement des soins qu'ils auront pris d'élever leurs enfans dans le plus bas âge : que ces enfans, après l'âge de.... , seront indépendans du pouvoir paternel & maternel , & pourront s'engager eux-mêmes volontairement à leur profit ; qu'ils seront élevés dans la Religion chrétienne , &c.

On voit que ce Mémoire n'eſt qu'un apper-
çu ; mais il me paroit ſuffiſant pour faire adopter
mes idées avec des amendemens , ou pour les
faire rejetter ſi elles ſont jugées abſolument
inadmiſſibles.

Mon unique déſir eſt qu'elles en faſſent naî-
tre de meilleures pour le bonheur de l'humanité
& la gloire de la Nation Françoiſe.

F I N.

À PARIS, de l'Imprimerie de Seguy-Thiboust ,
Place Cambrai. 1789.